Wohlfühl *momente*

Notizbuch für Ideen, Gedanken und Träume

FREIBURG · BASEL · WIEN

Dieses Buch gehört

_____

*Innehalten, durchatmen,
zur Ruhe kommen –*

*im stressigen Alltag vergisst man gerne mal,
sich eine kleine Auszeit zu gönnen.
Dabei besagt schon eine alte asiatische Weisheit:*

*„Wenn du es eilig hast,
geh langsam."*

*In diesem Notizbuch ist daher jede Menge Platz
für viele gute Ideen und Gedanken,
mit denen du dir entspannende Atempausen
schenken kannst.*

*Und wenn wir
die ganze Welt durchreisen,
um das Schöne zu finden:
Wir müssen es in uns tragen,
sonst finden wir es nicht.*

Ralph Waldo Emerson

Freude soll nimmer schweigen.

Freude soll offen sich zeigen.

Freude soll lachen, glänzen und singen.

Freude soll danken ein Leben lang.

Freude soll dir die Seele durchschauern.

Freude soll weiterschwingen.

Freude soll dauern ein Leben lang.

Joachim Ringelnatz

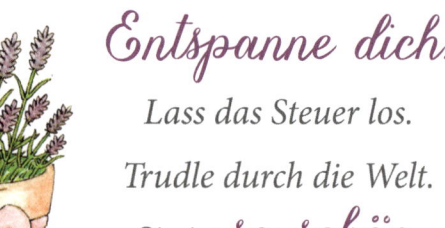

Entspanne dich.

Lass das Steuer los.

Trudle durch die Welt.

*Sie ist **so schön**.*

Kurt Tucholsky

*Ich hasche die kleinen Freuden,
und so finde ich alle Tage etwas,
das mich freut.*

Katharina Elisabeth Goethe

Der Mensch braucht Stunden, wo er sich sammelt und in sich hineinlebt.

Albert Einstein

Man muss immer etwas haben, worauf man sich freut.

Eduard Mörike

Bleibe nicht am Boden heften,

frisch gewagt und frisch hinaus!

Kopf und Arm mit heiteren Kräften,

überall sind sie zu Haus;

wo wir uns der Sonne freuen,

sind wir jede Sorge los;

dass wir uns in ihr zerstreuen,

darum ist die Welt so groß.

Johann Wolfgang von Goethe

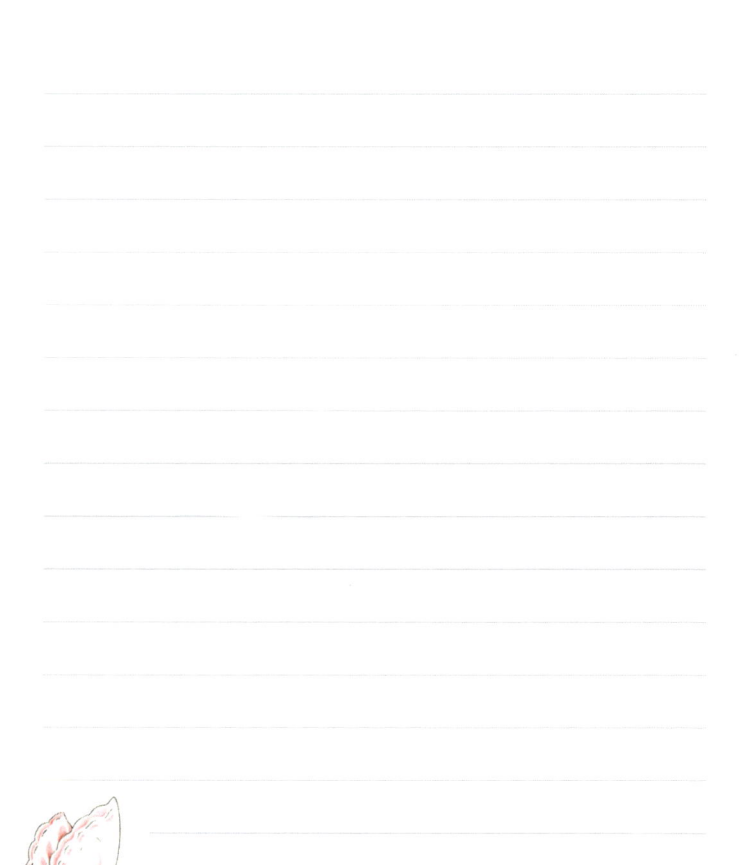

*Nur wer für den Augenblick lebt,
lebt für die Zukunft.*

Heinrich von Kleist

Er ist's

Frühling lässt sein blaues Band
wieder flattern durch die Lüfte;
süße, wohlbekannte Düfte
streifen ahnungsvoll das Land.

Veilchen träumen schon,
wollen balde kommen.
Horch, von fern ein leiser Harfenton
Frühling, ja du bist's!
Dich hab ich vernommen!

Eduard Mörike

Bei Lichte besehen sind Ruhe und Glück überhaupt dasselbe.

Theodor Fontane

Alle Lebewesen außer dem Menschen wissen, dass der Hauptzweck des Lebens darin besteht, es zu genießen.

Samuel Butler

Wie doch *Freude* und *Glück* einen Menschen *schön machen!*

Fjodor M. Dostojewski

Abendgefühl

Friedlich bekämpfen
Nacht sich und Tag.
Wie das zu dämpfen,
wie das zu lösen vermag!

Der mich bedrückte,
schläfst du schon, Schmerz?
Was mich beglückte,
sage, was war's doch, mein Herz?

Freude wie Kummer,
fühl' ich, zerrann,
aber den Schlummer
führten sie leise heran.

Und im Entschweben,
immer empor,
kommt mir das Leben
ganz wie ein Schlummerlied vor.

Friedrich Hebbel

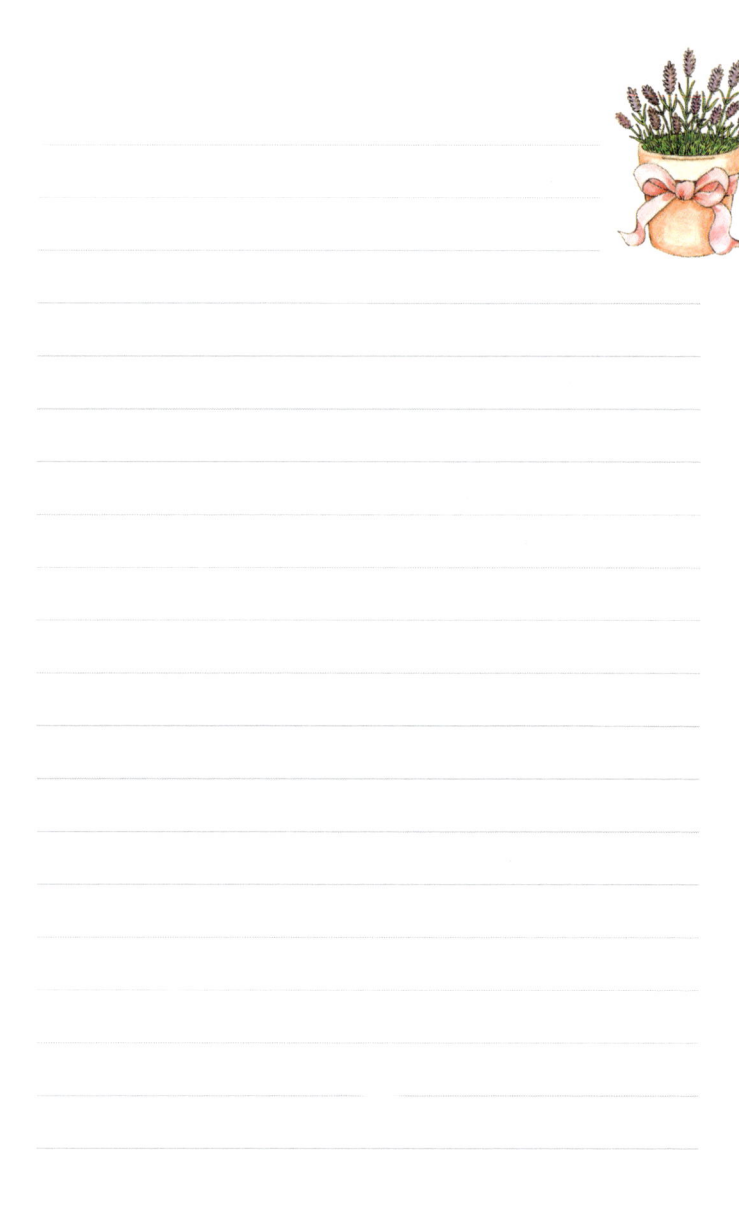

*Das Leben ist dazu da,
um gelebt zu werden.*

Sigmund Freud

Glück

Lass der Sehnsucht Ziel entfließen,
bleibet Täuschung nur zurück:
nicht das Halten, das Genießen,
nur die Sehnsucht war das Glück.

Zeiten gleiten, Stunden fließen,
schwankend wandelt das Geschick.
Lass mich halten, mich genießen
den geliebten Augenblick.

Lass den Augenblick verfließen,
leise bleibt die Lust zurück:
nicht im taumelnden Genießen,
im Erinnern lebt das Glück.

Hans Hoffmann

Muße ist der
schönste Besitz von allen.

Sokrates

Folge deinem eigenen *Stern.*

Dante Alighieri

Der römische Brunnen

Aufsteigt der Strahl und fallend gießt

er voll der Marmorschale Rund,

die, sich verschleiernd, überfließt

in einer zweiten Schale Grund;

die zweite gibt, sie wird zu reich,

der dritten wallend ihre Flut,

und jede nimmt und gibt zugleich

und strömt und ruht.

Conrad Ferdinand Meyer

Man braucht nur wenig, um ein glückliches Leben zu führen.

Marc Aurel

Glaube an Wunder, Liebe und Glück!
Schau nach vorne und nicht zurück!
Lebe dein Leben und steh dazu,
denn dieses Leben, das lebst nur du!

unbekannt

Begeistere dich für das Leben. Das bloße Gefühl, zu leben, ist Freude genug.

Emily Dickinson

Nimm dir
Zeit zu träumen.
Das ist der Weg
zu den Sternen.

aus Irland

Frühling

Nun ist er endlich kommen doch
in grünem Knospenschuh;
„Er kam, er kam ja immer noch",
die Bäume nicken sich's zu.

Sie konnten ihn all erwarten kaum,
nun treiben sie Schuss auf Schuss;
im Garten der alte Apfelbaum,
er sträubt sich, aber er muss.

Wohl zögert auch das alte Herz
und atmet noch nicht frei,
es bangt und sorgt: „Es ist erst März
und März ist noch nicht Mai."

Oh schüttle ab den schweren Traum
und die lange Winterruh':
Es wagt es der alte Apfelbaum,
Herze, wag's auch du.

Theodor Fontane

*Monde und Jahre vergehen,
aber **ein schöner Moment** leuchtet
das ganze Leben hindurch.*

Franz Grillparzer

*Lasst uns immer in den
großen Traum des Lebens
kleine bunte Träume weben.*

Jean Paul

Die Nachtblume

Nacht ist wie ein stilles Meer,

Lust und Leid und Liebesklagen

kommen so verworren her

in dem linden Wellenschlagen.

Wünsche wie die Wolken sind,

schiffen durch die stillen Räume,

wer erkennt im lauen Wind,

ob's Gedanken oder Träume? –

Schließ ich nun auch Herz und Mund,

die so gern den Sternen klagen:

leise doch im Herzensgrund

bleibt das linde Wellenschlagen.

Joseph von Eichendorff

Du bist da,

*um dein einziges, einmaliges Leben
mit Glück zu füllen.*

Epikur

Frischer Morgen!
Frisches Herz!
Himmelwärts!

Joseph von Eichendorff

Genießen wir,
was uns der Tag beschert!
Wer weiß, ob **solch ein Tag**
uns wiederkehrt.

Hafis

Oh *Augenblick*, verweile doch,
du bist **so schön!**

Johann Wolfgang von Goethe

© Verlag Herder GmbH, Freiburg im Breisgau 2016
Alle Rechte vorbehalten
www.herder.de

Illustrationen: Gisela Rüger
Layout: griesbeckdesign, Dorothee Griesbeck
Satz: textum GmbH, München
Herstellung: Graspo CZ a.s., Zlín

Gedruckt auf umweltfreundlichem,
chlorfrei gebleichtem Papier

Printed in the Czech Republic

ISBN 978-3-451-31108-6